*Photo couverture : **Kitoo Calaudi**
lesartsinguliersdekitoo.blogspot.fr*

L'Odyssée métisse
Songs for a Vertigo

Chez le même éditeur

Romans
Le Rire brisé du Soleil

Métisland - 1. le Rêve
Métisland - 2. l'Enfantement
Métisland - 3. la Naissance

Documents
Les Marronniers de Valros
Du Cheval au Spoutnik – Mon Valros à l'époque (1930/1970)
avec Alegria Serena
Saisons de la Vigne – Valros Millésime 2013

Poèmes
Juvenilescences - 1. Le Temps de l'École
Juvenilescences - 2. Portraits

L'Odyssée métisse
Songs for a vertigo

Laure
Emmagues

Poèmes

BoD

Copyright : 2019, Laure Emmagues
Éditeur : BoD - Books on Demand GmbH, Paris, France
12/14, Rond-Point des Champs-Élysées 75008 Paris

Impression : Books on Demand GmbH, Norderstedt, Allemagne

Dépôt légal : Février 2019

ISBN : 9782322134724

Aux « âmes survivantes »

La Race ondoyante

Une race ondoyante, qui va-et-vient.
« Hors du sillon de l'Histoire », jusqu'à présent.
Une race fragile, accidentée,
Le Métis-clignotement.
Le Métis-marée

Lourde des fœtus dont elle regorgeait,
La mer s'en est allée
Léchant jusqu'au dernier grain le sable fin
Des plages aux négriers.
Une marée qui va-et-vient.

Les Métis caméléons,
Tantôt noirs, tantôt blonds,
Une race non fixée
Une fugacité.
Une marée qui va-et-vient.

De l'exil intérieur contraints aux voyages,
À la métempsychose du nuage,
Voués à la culture de la transparence.
Une intermittence.
Une marée qui va-et-vient.

L'ère d'un autre déluge fomente
Dans les abysses de la race ondoyante,
« Avec des bribes d'âme survivante »,
Pour parodier le prophète Neruda.
Une marée qui va et viendra.

Concerto génétique

Pour une race incertaine, ambiguë, fantomatique,
Une image virtuelle aux contours maréïques
Aux couleurs imprévisibles, innombrables,
Nuances de rêves improbables
De chaque spectateur, jaloux ou admirateur.
Du mélange de toutes les couleurs d'ex-races,
Concerto génétique.
Oh ! Métissité, étincelles éparpillement d'amour, de beauté, de grâce !

Blanc/noir, blanc/jaune, blanc/rouge,
Noir/rouge, noir/jaune, jaune/rouge,
Grosso modo, cinq pour cent de la population
Du globe chante la multicolore copulation.

Debout, les jambes écartées sur leurs Colonies,
Les Blancs pissent leur semence par-dessus les frontières,
Ils pissent la multiplication des Métis épars,
Fratries inconscientes, orphelines et honnies.

Un moustique contre une grippe - mortifères,
Chopent les races spécialisées hors de leurs frontières.
Lorsque, des croisements de la synthèse biologique,
Faune et Flore fortifient leur stock génétique.

« Je suis citoyen du monde, à la recherche de mes racines », gueule la Star.
Seul l'arbre a des racines qui poussent dans nos poussières.

Haro sur l'hypocrisie politique entre pluriethnies
et métissage
Haro sur la confusion snobinarde entre influences
et métissage
Haro sur le buzz « Rep'/Rep' »[1] amnésique du rejeton métis

Concerto génétique pour une reconnaissance métisse
Étincelles d'amour, de beauté, de grâce !

---

1. Rép(aration) / Rep(entance)

Road-métis

Sur la ligne d'horizon se profilent trois caravelles,
Les voiles gonflées exhibant la sphère armillaire,
Emblème du premier roi du Portugal, Manuel,
Et la grande Croix rouge héritée des Templiers.
« Nous cherchons des chrétiens et des épices ».
Affrontant la Mer, ténèbres et mystères,
Elles ont abordé en Terrae Incognitae.
En mil quatre cent trente et quatre années,
Une poignée de pionniers accoucha des populations métisses.

Au temps des découvreurs et des métisseurs
Succéda des guerriers le temps naturel.
La vision d'un Eldorado fabuleux arma
Les caravelles impérialistes et commerça
Une main d'œuvre aux entraves.
Il fallut trois siècles pour que le ressac du trafic négrier coltine
Sur les côtes d'Afrique des mulâtres nostalgiques.
À la recherche déprimante de leurs racines,
Les Afro-Brésiliens tentèrent un suicide culturel
Dans la traite lucrative des esclaves,
Avant de regagner les Amériques.

Incroyable et poétique pérégrination des spermatozoïdes.
De l'utérin-charnier de l'Afrique nourricière,
Godillant vers leur ovule prédestinée à travers les mers,
Les continents, toutes sortes de frontières,
Pour tisser de fils multicolores la généalogie Métissoïde.
Le Métis est une borne, un carrefour,
Qui réapparaît dans les déserts de l'amour.

Recueilli par les Religieux tel Moïse au fil de l'eau de l'oubli,
Le Métis revient d'un loin-dépotoir.
Abandonné par sa mère noire
Immolée aussitôt par la famille et le clan.
Étranger bâtard au père blanc.
Avec sa psychologie chavirée, le Métis survit
Bulle flottant au cours du temps de l'espace toute sa vie.

Sur la ligne d'horizon se profilent trois caravelles.
Côté sombre : nomade apatride;
               Nomade cosmopolite : côté lumière,
Que deux mentalités et deux géographies écartèlent,
      Glorieux Métis, on the road for ever.

Métissophobie

Nés du viol, du commerce et du mépris,
L'âme des fœtus, par-dessus les bastingages
négriers jetés,
Des ventres-tombes extirpés,
S'enfile autour de nos mémoires en colliers.
Que le besoin de dignité soit enfin satisfait !

Née il y a cinq siècles seulement
Avec l'Aventure de l'exploration, de la conquête et de l'esclavage,
Elle divise la société terrienne, la tare du métissage.
La métissophobie organise et sans fin bisse
Des « combats du siècle » infâmants.
Ici, des intellectuels. Noir et blanc,
Les boxeurs cognent sur le greffon métis.

À droite, dans son peignoir blanc,
L'écrivain paranoïaque Lovecraft
Que ses vomissures de la haine raciale imbibent.
« Mulâtres, sang-mêlés, filaments gluants de
répulsion », oh, oh !
« Nébuleuses esquisses du pitécanthrope et de l'amibe,
Vaguement modelées dans quelque limon puant et
visqueux », oh, oh !
« Dans un cataclysme de pourriture lépreux,
Vers envahissants (prêts à) inonder le monde entier »,
oh, oh !
« Mulâtres ricanants et graisseux,
Nègres hideux
Semblables à des chimpanzés gigantesques » oh,oh!
« Accomplissons une déportation scientifique de masse,
Au gaz cyanogène une élimination de masse. »

À gauche, dans son kimono noir,
Le grand historien Ki-Zerbo,
De la Négritude révisionniste minus.

"Insuffisant le curetage, oh, oh !
Honni soit le sperme qui javellise l'utérus.
La « mixture intermédiaire », oh, oh !
"Une perte sans profits pour sa race.
Autodafés passés sous silence", oh, oh !
Que sonne l'adieu aux larmes
Pour les mères noires passées par les armes
"Au nom de la pureté de sa race !"

Nés du viol, du commerce et du mépris,
Nous avons survécu par l'amour et la beauté.
Que le besoin de dignité soit enfin satisfait !

L'Holocauste invisible

D'un côté, l'homme juif
                         De l'autre, l'homme noir.
   Chambre à gaz convulsif
                     Contre travail forcé butoir.
          Par train,
        Par mer, transhumance.
      À l'homme, immonde chasse.

Deux sous-humanités.
Au lieu de se tendre la main,
Elles se bouffent le nez.
L'une a eu la reconnaissance, la compensation, la mémoire.
L'autre n'a eu que l'abolition, officielle mais illusoire.

Et le Métis ?

Victime de la fornication entre couleurs atones,
Blanche, Noire, Rouge, Jaune.
Même pas le temps de devenir une sous-humanité.
                Du ventre de sa mère, fœtus extirpé
                Jeté à la poubelle d'une officine,
                D'une cuisine.
Jeté à la mer par seaux entiers
Dans le sillage des bateaux négriers.
                Dans le cercueil du ventre maternel,
                Assassiné par les gris-gris originels.
Même pas le temps de devenir une sous-humanité,

C'est le métis holocauste invisible,
Qui s'est soucié de chiffrer les disparus ?
D'ériger un mémorial ?

Entre le « mal dans sa peau vide de sens »
De la filiation pionnière
Et le « coming out » très tendance
Du troisième millénaire,
Des hyper-siècles de relents esclavagistes,
De rejet ethnique mono-coloriste,
Des nuances l'éventail éclatant
Badigeonné d'un « gris » méprisant.

       C'est le métis holocauste invisible.

Des lunes et des saisons d'odalisques putasses
Et de gogos dancers,
« Divertissement » pour mot de passe.
De planqués bien sous tous rapports,
Un cheveu qui frise par trop
Un odorat délicat par trop,
Et hop, la bascule revendicative au kacher
Dans l'un ou l'autre château-fort.

       C'est le métis holocauste volontaire.

Où est le Who's Who métis
Des illustres descendances ?
Où est le Who's Who métis
Des sublimes existences ?
        Hommes d'Etat, chercheurs, aventuriers,
          Poètes, soldats, financiers.
           Des héros et héroïnes métis,
Où est le Who's Who fondateur ?
Le baptême de la nouvelle race du cœur.

      Bright futur so long…
      Memorial song
Du métis holocauste invisible.

Le Procès métis

Comme le destin, l'Europe et l'Afrique planent sur nous.
Deux puissances tutélaires
Croulant en poussière
Comme un dinosaure et une termite bantoue.
Béliers noirs contre Capricornes blancs,
                Où sont les Métis ?
Planqués dans les troupeaux-reposoirs,
Plus blanc que blanc chez les Noirs
Moins noir que noir chez les Blancs.

                Où sont les Métis?
                Que font les Métis
                D'esclavage dispensés ?
                Où sont les métis ?
                que font les Métis?
        Tous « **les enfants de Jefferson** »
Tous les bâtards privilégiés de l'instruction.

Pendant la faillite des Blancs et la faillite des Noirs,
Que font les Métis ?
Aux allocs, aux droits, ils tendent l'entonnoir.
Mais leurs devoirs ?
    Coupables, mais non responsables.

La race, ras-le-bol !
Le racisme de couleur, ras-le-bol !
La hiérarchie sociales des nuances aux Antilles, ras-le-bol !
Le tabou esclavagiste qui clapote aux oreilles de l'Afrique, ras-le-bol !
    Responsables, coupables.

J'ai mal à mon exil créateur
Passe le temps et gomme ma naissance.
J'ai mal à mon exil intérieur
Je ne veux pas muer sur les pavés de transhumance.
    Responsable, mais non coupable.

    Où sont les Métis ?
    Que font les Métis ?
Non coupable, non responsable
Responsable, mais non coupable
Coupable, mais non responsable.
    Responsable, coupable.

Être métis

- Bonjour. Where do you come from ?
D'Afrique d'Asie des Antilles ?
- Ni un noir Ni un rouge Ni un jaune Ni un Blanc,
Je ne suis qu'un homme
Mosaïque des origines d'un citoyen du monde.
Hello, brother !

Étoile jaune, notre métisse couleur
Nous trahit ; mais elle nous fortifie.
Dualité diversité réunies
Pour une humanité épanouie.
Ouvrez vos cuisses ! ouvrez vos cœurs !
Être métis, sarabande de rêves créateurs.

Être métis
pour un homme de couleur,
C'est se faire traiter   de *black* de *négro*
Quand brun de peau.
C'est se faire rejeter   d'un *toubabou* moqueur
Quand clair de peau.

Être métis
C'est refuser les contrefaçons
Territoriales ou nationales
Horizontales ou verticales.
    L'Américano-Soviétique n'est pas métis.
    Le Kabylo-Suédois n'est pas métis.

Sous le ciel des Métis,
Le visage est maquillé de noir ou de blanc,
Le cœur embroché par ses trahisons,
Le corps en friche d'ennui ablation,
L'éclat de rire suppurant.

On nous dit vaniteux et paresseux.
On nous dit obsédés par le sexe et la bringue.
          Et nous le sommes.
On nous croit vaniteux, débauchés et paresseux.
Nous l'avons été par désespoir, par démission.
       Out, le terrain vague
Où nous errions comme des chiens errants,
     Out, notre hasardeuse condition,
Ces statistiques qui décomptent Noirs, Indiens, Chinois, Blancs.
     Où sont les Métis ?

Être métis,
c'est se battre contre les herses frontalières

Être métis,
c'est d'un blues à l'autre bouger sa nacelle

Être métis,
c'est conquérir une sérénité fière

Être métis,
la si pure et si dure liberté fraternelle.

Génération métisse

Debout, Métis de tous pays
Debout, Métis, partout debout

Les Jaunes, Les Blancs, les Noirs, les Rouges, sont dans
Un cul-de-sac
Une impasse
Une voie de garage
Une voie sans issue.

De leur union naît une troisième entité,
Symbole du Métis.
Le nombre 3
Est le chiffre sacré
De la famille, père, mère, enfant
De l'espace, longueur, largeur, hauteur
Du temps, passé, présent, futur
De l'action, début, milieu, fin
De la vie, naître, vivre, mourir.

                    Stand up, Métis de tous pays
                    Stand up, Métis, partout debout

Par le 3 on échappe
À la division à la dualité au manichéisme.
À l'opposition du bien et du mal
                                              Il y a le vrai

À l'opposition du faux et du vrai
                                              Il y a le beau

À l'opposition du beau et du laid
                                                  Il y a

                    Il y a
Il y a...

                         La troisième voie
                         L'ouverture
                         Le Métis.

Debout, Métis de tous pays
Debout, Métis, partout debout

Implore le pardon pour les erreurs
Les singeries mulâtres
À blanc ou à noir,
Les compromissions bâtardes
À blanc ou à noir.

Honore le courage des quelques métis
    morts pour leur reconnaissance
    morts pour leur liberté.
Embrase l'ère nouvelle de l'épopée fraternelle
    d'éclairs de musique
    d'abordages humanitaires.
Lève tes troupes pacifistes au nom
    des frontières explosées
    du pays universel.

Génération métisse
Nous franchirons la ligne d'arrivée
De la race humaine en champions du monde.
Que ton invincibilité devienne légende.
Debout, Métis de tous pays
Métis debout ! Partout debout !

Métisland, le pays rêvé

J'ai fait un rêve microscopique et planétaire
Mon île rêvée rayonne sur la planète, sur l'univers
Que la violence raciale crève de sa masturbation
Que des nuits d'amour effacent les siècles d'humiliation
J'ai fait un rêve microscopique et planétaire :
Mon île rêvée métissera la terre.

Refrain :
Yeah, il pleuvait des Métis sur l'île.
-Nous sommes toujours vivants !
It's raining coloured people
Yes, sir, Yes, podna
It's raining Métis
Yes, man !

Oui, il pleuvait des Métis sur l'île.
Imitation rêvée de Curaçao,
Aux dix-septième et dix-huitième siècles, d'esclaves le grand dépôt,
Top model de l'égalité raciale.
Noirs, Blancs, Métis, Orientaux,
Dans un mélange ravissant de races et de croyances,
Liés par le mélodieux et inénarrable « papiamento »,
Un sabir digne de la Tour de Babel.
La veille du Nouvel An, en chansons et libelles,
De l'année écoulée ils enterraient la tristesse et l'errance.

Oui, il pleuvait des Métis sur l'île.
Exclusion, délinquance, incivisme, les forces du mal avaient déserté,
Boutés hors des rivages.
La pluie, le soleil, l'espoir nettoyaient, soignaient et cicatrisaient les plaies.
Le courage de reconstruire se fortifiait
Dans la certitude que tiendrait pour de bon l'ouvrage.
Tous les printemps du monde devenaient réalité.
Les couples dominos, colonnes doriques double-face, émergeaient
Au long de tous les chemins de poivre et de sel,
Menant aux vastes places où déambule la foule arc-en-ciel.

Le Graal métis

La loi du balancier relance la boule du destin en sens inverse.
Est venu le temps de la sérénité métisse pacificatrice.
Ça tombe bien,
Tous les Métis s'ennuient en désespérance.

L'heure est venue
De préférer les frères, l'amour, et la tolérance
« *Aux chrétiens et aux épices* » des explorateurs.
Versus l'ombre des caravelles et des razzias, l'écho conquérant,
L'image hertzienne des icônes métisses flottant
À travers les océans, au-dessus des continents.

L'heure est venue
D'un nouveau citoyen, mélange ethnique et être spécifique,
Dans ses dimensions géographique et historique.
Vision globale et prophétique de l'écrivain Wilson Harris
Sur un principe de nomadisme hédonique.
La nouvelle identité terrienne, métisse.

L'heure est venue
De mélanger toutes les couleurs,
D'appartenir à une communauté du cœur
Et même selon les saisons du cœur,
D'abattre l'intangibilité des frontières ringardes.
Vive les îles d'affinités fêtardes !

Effacés les *Wanted !* agressifs
De la chasse aux nègres,
  aux marrons
  aux Juifs,
  aux pédés.

Vienne le casting d'anges

Needed Métis !
Désired Métis !

Sur les tee-shits festifs

ÎLES, métisses

      Îles de rêve
      Rêves d'îles
Ces rêves émergés des océans.

Sur les Portulans magnifiques,
Chevauchant les courants
Sous le souffle des vents,
Serpentaient les routes sur mer
Autour de bouts de terre,
À la découverte du Continent mythique.

Île,
Lieu d'ancrage
Lieu de passage
Lieu d'échange
Lieu d'esclavage
Lieu de métissage.

Îles plates,
Antigua, Jamaïca, Java

Îles rondes
Sri Lanka, Ouvéa, Kitts

Îles masculines
Sao Tomé, Robinson Crusoé, Maurice, Curaçao

Îles en i
Bali, Tahiti, Nouvelle-Calédonie, Fidji

Îles volcaniques
Pitcairn, Hawaï, Kauai, Réunion, Martinique

Îles archipels
Philippines, Nouvelles-Hébrides, Maldives, Grenadines

Îles jardins
Canaries, Marquises, Madagascar

Somptueuses broches sur le saphir des mers du Sud
Seychelles, Bora-Bora, Île des Pins, Saint-Barthélémy

Presqu'îles, îles à venir
Italie, Floride.

Ces rêves émergés des océans

De guingois

Dès l'origine posée de guingois
Sur mon carrelage génétique,
Des seules diagonales en croix
Jaillissent mes musiques.

<u>Refrain</u>
De travers, de guingois,
Toujours à mettre un pied devant l'autre,
À l'envers et pas droit,
Toujours à courir d'un rêve à l'autre.

Sur ton cœur, de guingois,
Et pas droit
Sur les routes nulles autres.

Les mailles de ma vie, je les file à l'envers
Solitude d'un printemps de guingois
Rêves d'azur d'un automne de travers.

Dans ce monde d'exclusion, à l'envers
De la pensée d'Etat, des préséances.
De travers dans les choix, les réponses.

Hors champ, hors-cadre, Métis, nomades mes frères,
De toutes les révoltes à marcher pas droit.
De toutes les utopies à foncer de guingois.

À l'envers et pas droit,
Au bout du rêve de guingois,
L'aurore d'un espoir à l'endroit.

Table des matières

La race ondoyante 9

Concerto génétique 12

Road-métis 15

Métissophobie 19

L'Holocauste invisible 22

Le Procès métis 26

Être métis 29

Génération métisse 33

Métisland, le pays rêvé 38

Le Graal métis 41

Îles métisses 44

De guingois 48

e-mail : laureemmagues@gmail.com
site : metisland.jimdo.com
jimdo par facebook

BoD